MON CARNET DE critiques

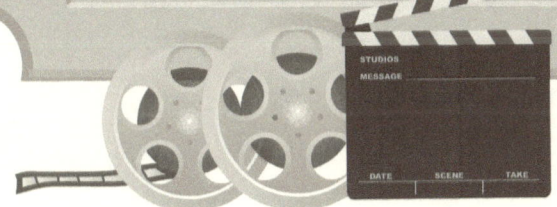

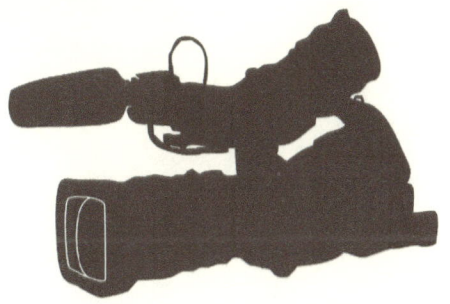

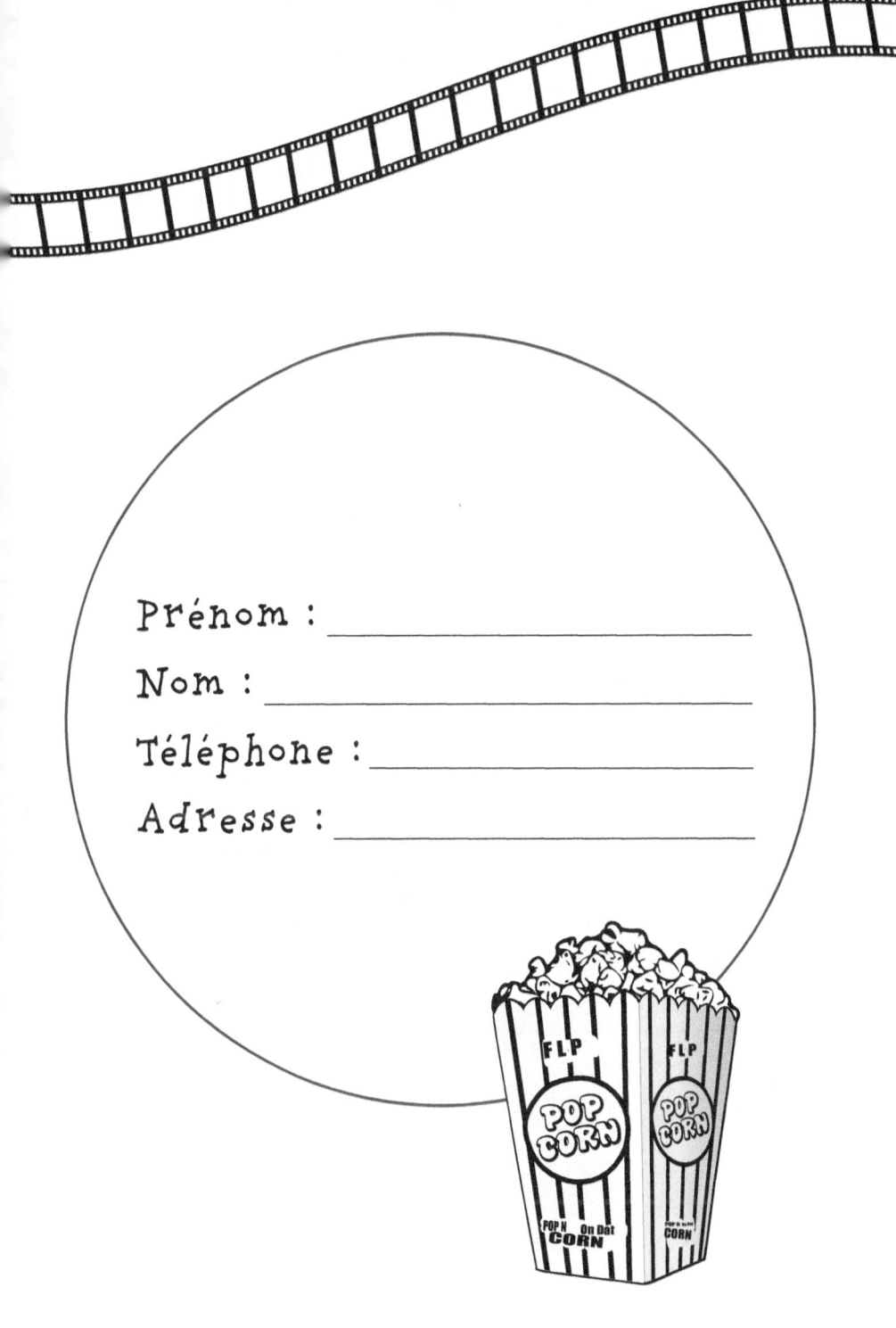

Prénom : _____

Nom : _____

Téléphone : _____

Adresse : _____

Mes 10 prochains
FILMS

	Titre	Réalisateur
1		
2		
3		
4		
5		
6		
7		
8		
9		
10		

TOP DU TOP

DE MES FILMS VUS

	Titre	Réalisateur
I		
2		
3		
4		
5		
6		
7		
8		
9		
IO		

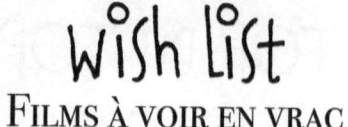

wish list

FILMS À VOIR EN VRAC

Wish List

SÉRIES À VOIR EN VRAC

ma liste
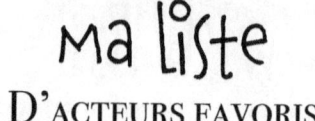
D'ACTEURS FAVORIS

ma liste
DE RÉPLIQUES CULTES

Titre : _____

DESCRIPTION

FILM ☐
SÉRIE ☐

Réalisateur :

Longueur du métrage :

Acteurs :

Date

__/__/__

Date de sortie :

Genre :

RÉSUMÉ

CRITIQUE

Note

1 2 3 4 5 6 7 8 9 10

Titre : _____

DESCRIPTION

FILM ☐
SÉRIE ☐

Date

__/__/____

Réalisateur :

Longueur du métrage :

Acteurs :

Date de sortie :

Genre :

RÉSUMÉ

CRITIQUE

Note

1 2 3 4 5 6 7 8 9 10

Titre : _____

DESCRIPTION

FILM ☐
SÉRIE ☐

Date

___/___/___

Réalisateur :

Longueur du métrage :

Acteurs :

Date de sortie :

Genre :

RÉSUMÉ

CRITIQUE

Note

1   2   3   4   5   6   7   8   9   10

Titre : _____

DESCRIPTION

FILM ☐
SÉRIE ☐

Date

__/__/__

Réalisateur :

Longueur du métrage :

Acteurs :

Date de sortie :

Genre :

RÉSUMÉ

CRITIQUE

Note

1 2 3 4 5 6 7 8 9 10

Titre : _____

DESCRIPTION

Réalisateur :

Longueur du métrage :

Acteurs :

Date de sortie :

Genre :

FILM ☐
SÉRIE ☐

Date

__ / __ / __

RÉSUMÉ

CRITIQUE

Note

1   2   3   4   5   6   7   8   9   10

Titre : _____

DESCRIPTION

Réalisateur :

Longueur du métrage :

Acteurs :

Date de sortie :

Genre :

FILM ☐
SÉRIE ☐

Date

__/__/__

RÉSUMÉ

CRITIQUE

Note

1 2 3 4 5 6 7 8 9 10

Titre : _____

DESCRIPTION

FILM ☐
SÉRIE ☐

Date

__/__/___

Réalisateur :

Longueur du métrage :

Acteurs :

Date de sortie :

Genre :

RÉSUMÉ

CRITIQUE

Note

1   2   3   4   5   6   7   8   9   10

Titre : _____

DESCRIPTION

FILM ☐
SÉRIE ☐

Date

___/___/___

Réalisateur :

Longueur du métrage :

Acteurs :

Date de sortie :

Genre :

RÉSUMÉ

CRITIQUE

Note

1 2 3 4 5 6 7 8 9 10

Titre : _____

DESCRIPTION

FILM ☐
SÉRIE ☐

Date

__/__/____

Réalisateur :

Longueur du métrage :

Acteurs :

Date de sortie :

Genre :

RÉSUMÉ

CRITIQUE

Note

1　2　3　4　5　6　7　8　9　10

Titre : _____

DESCRIPTION

Réalisateur :

Longueur du métrage :

Acteurs :

Date de sortie :

Genre :

FILM ☐
SÉRIE ☐

Date

__/__/____

RÉSUMÉ

CRITIQUE

Note

1 2 3 4 5 6 7 8 9 10

Titre : _____

FILM ☐
SÉRIE ☐

Date

__/__/__

DESCRIPTION

Réalisateur :

Longueur du métrage :

Acteurs :

Date de sortie :

Genre :

RÉSUMÉ

CRITIQUE

Note

1   2   3   4   5   6   7   8   9   10

Titre : _____

DESCRIPTION

FILM ☐
SÉRIE ☐

Réalisateur :

Longueur du métrage :

Acteurs :

Date

__/__/__

Date de sortie :

Genre :

RÉSUMÉ

CRITIQUE

Note

1 2 3 4 5 6 7 8 9 10

Titre : _____

DESCRIPTION

FILM ☐
SÉRIE ☐

Date

__/__/__

Réalisateur :

Longueur du métrage :

Acteurs :

Date de sortie :

Genre :

RÉSUMÉ

CRITIQUE

Note

1 2 3 4 5 6 7 8 9 10

Titre : _____

DESCRIPTION

FILM ☐
SÉRIE ☐

Date
__/__/___

Réalisateur :

Longueur du métrage :

Acteurs :

Date de sortie :

Genre :

RÉSUMÉ

CRITIQUE

Note

1   2   3   4   5   6   7   8   9   10

Titre : _____

DESCRIPTION

FILM ☐
SÉRIE ☐

Date

__/__/___

Réalisateur :

Longueur du métrage :

Acteurs :

Date de sortie :

Genre :

RÉSUMÉ

CRITIQUE

Note

1 2 3 4 5 6 7 8 9 10

Titre : _____

DESCRIPTION

FILM ☐
SÉRIE ☐

Date

__/__/___

Réalisateur :

Longueur du métrage :

Acteurs :

Date de sortie :

Genre :

RÉSUMÉ

CRITIQUE

Note

1   2   3   4   5   6   7   8   9   10

Titre : _____

DESCRIPTION

FILM ☐
SÉRIE ☐

Date
___ / ___ / ___

Réalisateur :

Longueur du métrage :

Acteurs :

Date de sortie :

Genre :

RÉSUMÉ

CRITIQUE

Note

1   2   3   4   5   6   7   8   9   10

Titre : _____

DESCRIPTION

FILM ☐
SÉRIE ☐

Date

__/__/__

Réalisateur :

Longueur du métrage :

Acteurs :

Date de sortie :

Genre :

RÉSUMÉ

CRITIQUE

Note

1   2   3   4   5   6   7   8   9   10

Titre : _____

DESCRIPTION

FILM ☐
SÉRIE ☐

Réalisateur :

Longueur du métrage :

Acteurs :

Date de sortie :

Genre :

Date

___/___/___

RÉSUMÉ

CRITIQUE

Note

1 2 3 4 5 6 7 8 9 10

Titre : _____

DESCRIPTION

FILM ☐
SÉRIE ☐

Date

___/___/___

Réalisateur :

Longueur du métrage :

Acteurs :

Date de sortie :

Genre :

RÉSUMÉ

CRITIQUE

Note

1 2 3 4 5 6 7 8 9 10

Titre : _____

FILM ☐
SÉRIE ☐

Date

___/___/___

DESCRIPTION

Réalisateur :

Longueur du métrage :

Acteurs :

Date de sortie :

Genre :

RÉSUMÉ

CRITIQUE

Note

1 2 3 4 5 6 7 8 9 10

Titre : _____

DESCRIPTION

Réalisateur :

Longueur du métrage :

Acteurs :

Date de sortie :

Genre :

FILM ☐
SÉRIE ☐

Date

__/__/___

RÉSUMÉ

CRITIQUE

Note

1 2 3 4 5 6 7 8 9 10

Titre : _____

DESCRIPTION

FILM ☐
SÉRIE ☐

Date

___/___/___

Réalisateur :

Longueur du métrage :

Acteurs :

Date de sortie :

Genre :

RÉSUMÉ

CRITIQUE

Note

1 2 3 4 5 6 7 8 9 10

Titre : _____

DESCRIPTION

FILM ☐
SÉRIE ☐

Date

__/__/__

Réalisateur :

Longueur du métrage :

Acteurs :

Date de sortie :

Genre :

RÉSUMÉ

CRITIQUE

Note

1 2 3 4 5 6 7 8 9 10

Titre : _____

DESCRIPTION

FILM ☐
SÉRIE ☐

Date
__/__/__

Réalisateur :

Longueur du métrage :

Acteurs :

Date de sortie :

Genre :

RÉSUMÉ

CRITIQUE

Note

1 2 3 4 5 6 7 8 9 10

Titre : _____

DESCRIPTION

Réalisateur :

Longueur du métrage :

Acteurs :

Date de sortie :

Genre :

FILM ☐
SÉRIE ☐

Date
__/__/___

RÉSUMÉ

CRITIQUE

Note

1 2 3 4 5 6 7 8 9 10

Titre : _____

FILM ☐
SÉRIE ☐

Date
__/__/___

Réalisateur :

Longueur du métrage :

Acteurs :

Date de sortie :

Genre :

RÉSUMÉ

CRITIQUE

Note

1 2 3 4 5 6 7 8 9 10

Titre : _____

DESCRIPTION

FILM ☐
SÉRIE ☐

Date

__/__/__

Réalisateur :

Longueur du métrage :

Acteurs :

Date de sortie :

Genre :

RÉSUMÉ

CRITIQUE

Note

🙂   🙂   😃

1   2   3   4   5   6   7   8   9   10

Titre : _____

DESCRIPTION

FILM ☐
SÉRIE ☐

Date
___/___/___

Réalisateur :

Longueur du métrage :

Acteurs :

Date de sortie :

Genre :

RÉSUMÉ

CRITIQUE

Note

1 2 3 4 5 6 7 8 9 10

Titre : _____

DESCRIPTION

FILM ☐
SÉRIE ☐

Date

__/__/__

Réalisateur :

Longueur du métrage :

Acteurs :

Date de sortie :

Genre :

RÉSUMÉ

CRITIQUE

Note

1 2 3 4 5 6 7 8 9 10

Titre : _____

DESCRIPTION

FILM ☐
SÉRIE ☐

Date

___/___/___

Réalisateur :

Longueur du métrage :

Acteurs :

Date de sortie :

Genre :

RÉSUMÉ

CRITIQUE

Note

1   2   3   4   5   6   7   8   9   10

Titre : _____

DESCRIPTION

FILM ☐
SÉRIE ☐

Date

___/___/___

Réalisateur :

Longueur du métrage :

Acteurs :

Date de sortie :

Genre :

RÉSUMÉ

CRITIQUE

Note

1   2   3   4   5   6   7   8   9   10

Titre : _____

DESCRIPTION

FILM ☐
SÉRIE ☐

Date

__/__/__

Réalisateur :

Longueur du métrage :

Acteurs :

Date de sortie :

Genre :

RÉSUMÉ

CRITIQUE

Note

1 2 3 4 5 6 7 8 9 10

Titre : _____

DESCRIPTION

Réalisateur :

Longueur du métrage :

Acteurs :

Date de sortie :

Genre :

FILM ☐
SÉRIE ☐

Date

__/__/___

RÉSUMÉ

CRITIQUE

Note

1 2 3 4 5 6 7 8 9 10

Titre : _____

DESCRIPTION

FILM ☐
SÉRIE ☐

Date

___/___/___

Réalisateur :

Longueur du métrage :

Acteurs :

Date de sortie :

Genre :

RÉSUMÉ

CRITIQUE

Note

1 2 3 4 5 6 7 8 9 10

Titre : _____

DESCRIPTION

FILM ☐
SÉRIE ☐

Date

__ / __ / __

Réalisateur :

Longueur du métrage :

Acteurs :

Date de sortie :

Genre :

RÉSUMÉ

CRITIQUE

Note

1 2 3 4 5 6 7 8 9 10

Titre : _____

DESCRIPTION

FILM ☐
SÉRIE ☐

Date
__ / __ / __

Réalisateur :

Longueur du métrage :

Acteurs :

Date de sortie :

Genre :

RÉSUMÉ

CRITIQUE

Note

1 2 3 4 5 6 7 8 9 10

Titre : _____

DESCRIPTION

FILM ☐
SÉRIE ☐

Date

__/__/___

Réalisateur :
Longueur du métrage :
Acteurs :
Date de sortie :
Genre :

RÉSUMÉ

CRITIQUE

Note

1   2   3   4   5   6   7   8   9   10

Titre : _____

FILM ☐
SÉRIE ☐

Date

___/___/___

DESCRIPTION

Réalisateur :

Longueur du métrage :

Acteurs :

Date de sortie :

Genre :

RÉSUMÉ

CRITIQUE

Note

1 2 3 4 5 6 7 8 9 10

Titre : _____

FILM ☐
SÉRIE ☐

Date

__/__/__

DESCRIPTION

Réalisateur :

Longueur du métrage :

Acteurs :

Date de sortie :

Genre :

RÉSUMÉ

CRITIQUE

Note

1 2 3 4 5 6 7 8 9 10

Titre : _____

DESCRIPTION

Réalisateur :

Longueur du métrage :

Acteurs :

Date de sortie :

Genre :

FILM ☐
SÉRIE ☐

Date

___/___/___

RÉSUMÉ

CRITIQUE

Note

1　2　3　4　5　6　7　8　9　10

Titre : _____

DESCRIPTION

Réalisateur :
Longueur du métrage :
Acteurs :
Date de sortie :
Genre :

FILM ☐
SÉRIE ☐

Date

__ / __ / ___

RÉSUMÉ

CRITIQUE

Note

1 2 3 4 5 6 7 8 9 10

Titre : _____

FILM ☐
SÉRIE ☐

Date

__/__/____

DESCRIPTION

Réalisateur :

Longueur du métrage :

Acteurs :

Date de sortie :

Genre :

RÉSUMÉ

CRITIQUE

Note

1   2   3   4   5   6   7   8   9   10

Titre : _____

FILM ☐
SÉRIE ☐

Date

__ / __ / ____

DESCRIPTION

Réalisateur :

Longueur du métrage :

Acteurs :

Date de sortie :

Genre :

RÉSUMÉ

CRITIQUE

Note

1 2 3 4 5 6 7 8 9 10

Titre : _____

DESCRIPTION

FILM ☐
SÉRIE ☐

Date
__/__/__

Réalisateur :

Longueur du métrage :

Acteurs :

Date de sortie :

Genre :

RÉSUMÉ

CRITIQUE

Note

1 2 3 4 5 6 7 8 9 10

Titre : _____

DESCRIPTION

Réalisateur :

FILM ☐

SÉRIE ☐

Longueur du métrage :

Acteurs :

Date

__/__/___

Date de sortie :

Genre :

RÉSUMÉ

CRITIQUE

Note

1 2 3 4 5 6 7 8 9 10

Titre : _____

DESCRIPTION

FILM ☐
SÉRIE ☐

Date

___/___/___

Réalisateur :

Longueur du métrage :

Acteurs :

Date de sortie :

Genre :

RÉSUMÉ

CRITIQUE

Note

1   2   3   4   5   6   7   8   9   10

Titre : _____

DESCRIPTION

FILM ☐
SÉRIE ☐

Date

___/___/___

Réalisateur :
Longueur du métrage :
Acteurs :
Date de sortie :
Genre :

RÉSUMÉ

CRITIQUE

Note

1 2 3 4 5 6 7 8 9 10

Titre : _____

DESCRIPTION

FILM ☐
SÉRIE ☐

Date
__/__/__

Réalisateur :

Longueur du métrage :

Acteurs :

Date de sortie :

Genre :

RÉSUMÉ

CRITIQUE

Note

1   2   3   4   5   6   7   8   9   10

Titre : _____

DESCRIPTION

FILM ☐
SÉRIE ☐

Date

__ / __ / __

Réalisateur :

Longueur du métrage :

Acteurs :

Date de sortie :

Genre :

RÉSUMÉ

CRITIQUE

Note

1   2   3   4   5   6   7   8   9   10

Titre : _____

DESCRIPTION

FILM ☐
SÉRIE ☐

Réalisateur :

Longueur du métrage :

Acteurs :

Date de sortie :

Genre :

Date

__ / __ / __

RÉSUMÉ

CRITIQUE

Note

1   2   3   4   5   6   7   8   9   10

Titre : _____

DESCRIPTION

Réalisateur :

Longueur du métrage :

Acteurs :

Date de sortie :

Genre :

FILM ☐
SÉRIE ☐

Date

__/__/__

RÉSUMÉ

CRITIQUE

Note

1 2 3 4 5 6 7 8 9 10

Titre : _____

DESCRIPTION

FILM ☐
SÉRIE ☐

Date

___/___/___

Réalisateur :

Longueur du métrage :

Acteurs :

Date de sortie :

Genre :

RÉSUMÉ

CRITIQUE

Note

☺   ☺   😀

1 2 3 4 5 6 7 8 9 10

Titre : _____

DESCRIPTION

FILM ☐
SÉRIE ☐

Date

__ / __ / __

Réalisateur :

Longueur du métrage :

Acteurs :

Date de sortie :

Genre :

RÉSUMÉ

CRITIQUE

Note

1   2   3   4   5   6   7   8   9   10

Titre : _____

DESCRIPTION

FILM ☐
SÉRIE ☐

Réalisateur :

Longueur du métrage :

Acteurs :

Date
__/__/____

Date de sortie :

Genre :

RÉSUMÉ

CRITIQUE

Note

1 2 3 4 5 6 7 8 9 10

Titre : _____

DESCRIPTION

FILM ☐
SÉRIE ☐

Date

___ / ___ / ___

Réalisateur :

Longueur du métrage :

Acteurs :

Date de sortie :

Genre :

RÉSUMÉ

CRITIQUE

Note
_____

1 2 3 4 5 6 7 8 9 10

Titre : _____

DESCRIPTION

FILM ☐
SÉRIE ☐

Réalisateur :

Longueur du métrage :

Acteurs :

Date

__/__/___

Date de sortie :

Genre :

RÉSUMÉ

CRITIQUE

Note

1 2 3 4 5 6 7 8 9 10

Titre : _____

DESCRIPTION

Réalisateur :

Longueur du métrage :

Acteurs :

Date de sortie :

Genre :

FILM ☐
SÉRIE ☐

Date

__/__/___

RÉSUMÉ

CRITIQUE

Note

1 2 3 4 5 6 7 8 9 10

Titre : _____

FILM ☐
SÉRIE ☐

Date
__/__/____

DESCRIPTION

Réalisateur :

Longueur du métrage :

Acteurs :

Date de sortie :

Genre :

RÉSUMÉ

CRITIQUE

Note

1   2   3   4   5   6   7   8   9   10

Titre : _____

DESCRIPTION

FILM ☐
SÉRIE ☐

Date
__/__/__

Réalisateur :

Longueur du métrage :

Acteurs :

Date de sortie :

Genre :

RÉSUMÉ

CRITIQUE

Note

1 2 3 4 5 6 7 8 9 10

Titre : _____

DESCRIPTION

FILM ☐
SÉRIE ☐

Date
__/__/____

Réalisateur :

Longueur du métrage :

Acteurs :

Date de sortie :

Genre :

RÉSUMÉ

CRITIQUE

Note

1 2 3 4 5 6 7 8 9 10

Titre : _____

DESCRIPTION

FILM ☐
SÉRIE ☐

Date

__/__/____

Réalisateur :

Longueur du métrage :

Acteurs :

Date de sortie :

Genre :

RÉSUMÉ

CRITIQUE

Note

1 2 3 4 5 6 7 8 9 10

Titre : _____

DESCRIPTION

FILM ☐
SÉRIE ☐

Date

__/__/____

Réalisateur :

Longueur du métrage :

Acteurs :

Date de sortie :

Genre :

RÉSUMÉ

CRITIQUE

Note

1 2 3 4 5 6 7 8 9 10

Titre : _____

DESCRIPTION

Réalisateur :

Longueur du métrage :

Acteurs :

Date de sortie :

Genre :

FILM ☐
SÉRIE ☐

Date

___/___/___

RÉSUMÉ

CRITIQUE

Note

1 2 3 4 5 6 7 8 9 10

Titre : _____

FILM ☐
SÉRIE ☐

Date

__/__/__

DESCRIPTION

Réalisateur :

Longueur du métrage :

Acteurs :

Date de sortie :

Genre :

RÉSUMÉ

CRITIQUE

Note

1   2   3   4   5   6   7   8   9   10

Titre : _____

DESCRIPTION

FILM ☐
SÉRIE ☐

Date
__/__/__

Réalisateur :

Longueur du métrage :

Acteurs :

Date de sortie :

Genre :

RÉSUMÉ

CRITIQUE

Note

1 2 3 4 5 6 7 8 9 10

Titre : _____

DESCRIPTION

FILM ☐
SÉRIE ☐

Date

__ / __ / __

Réalisateur :

Longueur du métrage :

Acteurs :

Date de sortie :

Genre :

RÉSUMÉ

CRITIQUE

Note

1 2 3 4 5 6 7 8 9 10

Titre : _____

DESCRIPTION

FILM ☐
SÉRIE ☐

Date

___/___/___

Réalisateur :

Longueur du métrage :

Acteurs :

Date de sortie :

Genre :

RÉSUMÉ

CRITIQUE

Note

1   2   3   4   5   6   7   8   9   10

Titre : _____

DESCRIPTION

FILM ☐
SÉRIE ☐

Date

__ / __ / ____

Réalisateur :

Longueur du métrage :

Acteurs :

Date de sortie :

Genre :

RÉSUMÉ

CRITIQUE

Note

1 2 3 4 5 6 7 8 9 10

Titre : _____

DESCRIPTION

Réalisateur :

Longueur du métrage :

Acteurs :

Date de sortie :

Genre :

FILM ☐
SÉRIE ☐

Date

__/__/__

RÉSUMÉ

CRITIQUE

Note

1 2 3 4 5 6 7 8 9 10

Titre : _____

DESCRIPTION

FILM ☐
SÉRIE ☐

Date

__/__/__

Réalisateur :

Longueur du métrage :

Acteurs :

Date de sortie :

Genre :

RÉSUMÉ

CRITIQUE

Note

1 2 3 4 5 6 7 8 9 10

Titre : _____

DESCRIPTION

FILM ☐
SÉRIE ☐

Date

__/__/___

Réalisateur :

Longueur du métrage :

Acteurs :

Date de sortie :

Genre :

RÉSUMÉ

CRITIQUE

Note

1 2 3 4 5 6 7 8 9 10

Titre : _____

DESCRIPTION

FILM ☐
SÉRIE ☐

Date
__/__/___

Réalisateur :

Longueur du métrage :

Acteurs :

Date de sortie :

Genre :

RÉSUMÉ

CRITIQUE

Note

1   2   3   4   5   6   7   8   9   10

Titre : _____

DESCRIPTION

Réalisateur :

Longueur du métrage :

Acteurs :

Date de sortie :

Genre :

FILM ☐
SÉRIE ☐

Date

___/___/___

RÉSUMÉ

CRITIQUE

Note

1 2 3 4 5 6 7 8 9 10

Titre : _____

DESCRIPTION

FILM ☐
SÉRIE ☐

Date
__/__/____

Réalisateur :

Longueur du métrage :

Acteurs :

Date de sortie :

Genre :

RÉSUMÉ

CRITIQUE

Note

1 2 3 4 5 6 7 8 9 10

Titre : _____

DESCRIPTION

Réalisateur :

Longueur du métrage :

Acteurs :

Date de sortie :

Genre :

FILM ☐
SÉRIE ☐

Date

__/__/___

RÉSUMÉ

CRITIQUE

Note

1 2 3 4 5 6 7 8 9 10

Titre : _____

DESCRIPTION

FILM ☐
SÉRIE ☐

Date

__ / __ / __

Réalisateur :

Longueur du métrage :

Acteurs :

Date de sortie :

Genre :

RÉSUMÉ

CRITIQUE

Note

1 2 3 4 5 6 7 8 9 10

Titre : _____

DESCRIPTION

FILM ☐
SÉRIE ☐

Date

__/__/__

Réalisateur :

Longueur du métrage :

Acteurs :

Date de sortie :

Genre :

RÉSUMÉ

CRITIQUE

Note

1 2 3 4 5 6 7 8 9 10

Titre : _____

DESCRIPTION

FILM ☐
SÉRIE ☐

Date

___ / ___ / ___

Réalisateur :

Longueur du métrage :

Acteurs :

Date de sortie :

Genre :

RÉSUMÉ

CRITIQUE

Note

1   2   3   4   5   6   7   8   9   10

Titre : _____

DESCRIPTION

Réalisateur :	
Longueur du métrage :	
Acteurs :	
Date de sortie :	
Genre :	

FILM ☐
SÉRIE ☐

Date

__/__/____

RÉSUMÉ

CRITIQUE

Note

1   2   3   4   5   6   7   8   9   10

Titre : _____

DESCRIPTION

FILM ☐
SÉRIE ☐

Date
__/__/__

Réalisateur :

Longueur du métrage :

Acteurs :

Date de sortie :

Genre :

RÉSUMÉ

CRITIQUE

Note
_____

1   2   3   4   5   6   7   8   9   10

Titre : _____

DESCRIPTION

FILM ☐
SÉRIE ☐

Date

__/__/___

Réalisateur :

Longueur du métrage :

Acteurs :

Date de sortie :

Genre :

RÉSUMÉ

CRITIQUE

Note

1 2 3 4 5 6 7 8 9 10

Titre : _____

DESCRIPTION

FILM ☐
SÉRIE ☐

Réalisateur :

Longueur du métrage :

Acteurs :

Date

___/___/___

Date de sortie :

Genre :

RÉSUMÉ

CRITIQUE

Note

1 2 3 4 5 6 7 8 9 10

Titre : _____

DESCRIPTION

FILM ☐
SÉRIE ☐

Date

__/__/__

Réalisateur :

Longueur du métrage :

Acteurs :

Date de sortie :

Genre :

RÉSUMÉ

CRITIQUE

Note

1 2 3 4 5 6 7 8 9 10

Titre : _____

FILM ☐
SÉRIE ☐

Date
___/___/___

DESCRIPTION

Réalisateur :

Longueur du métrage :

Acteurs :

Date de sortie :

Genre :

RÉSUMÉ

CRITIQUE

Note

1   2   3   4   5   6   7   8   9   10

Titre : _____

DESCRIPTION

FILM ☐
SÉRIE ☐

Date

__/__/___

Réalisateur :

Longueur du métrage :

Acteurs :

Date de sortie :

Genre :

RÉSUMÉ

CRITIQUE

Note

1 2 3 4 5 6 7 8 9 10

Titre : _____

DESCRIPTION

FILM ☐
SÉRIE ☐

Date
___/___/___

Réalisateur :

Longueur du métrage :

Acteurs :

Date de sortie :

Genre :

RÉSUMÉ

CRITIQUE

Note

1   2   3   4   5   6   7   8   9   10

Titre : _____

FILM ☐
SÉRIE ☐

Date

__/__/__

DESCRIPTION

Réalisateur :

Longueur du métrage :

Acteurs :

Date de sortie :

Genre :

RÉSUMÉ

CRITIQUE

Note

1   2   3   4   5   6   7   8   9   10

Titre : _____

DESCRIPTION

FILM ☐
SÉRIE ☐

Réalisateur :

Longueur du métrage :

Acteurs :

Date de sortie :

Genre :

Date

__/__/__

RÉSUMÉ

CRITIQUE

Note

1   2   3   4   5   6   7   8   9   10

Titre : _____

DESCRIPTION

Réalisateur :	
Longueur du métrage :	
Acteurs :	
Date de sortie :	
Genre :	

FILM ☐
SÉRIE ☐

Date

__/__/___

RÉSUMÉ

CRITIQUE

Note

1 2 3 4 5 6 7 8 9 10

Titre : _____

DESCRIPTION

FILM ☐
SÉRIE ☐

Date

___ / ___ / ___

Réalisateur :

Longueur du métrage :

Acteurs :

Date de sortie :

Genre :

RÉSUMÉ

CRITIQUE

Note

😊 😃 😁

1 2 3 4 5 6 7 8 9 10

www.ingramcontent.com/pod-product-compliance
Lightning Source LLC
Chambersburg PA
CBHW020553220526
45463CB00006B/2286